Odogwu N'Igbo

Ikikere Dịịrị Ndị Dere Akwụkwọ a

O nweghị onye ọbụla e nyere ikikere ibigharị akwụkwọ a, maọbụ ịkọpịrị ụfọdụ n'ime ihe dị na ya n'ụzọ ọbụla, beeresọ na onye ahụ ọ natara ikike n'aka ndị bipụtara akwụkwọ a.

Copyright in English.

Copyright © 2021 Urenna E Onuegbu & Ugochi G Imediegwu.
All rights reserved.
First paperback edition printed 2021 in the United Kingdom.
A catalogue record for this book is available from the British Library.
ISBN 978-1-913455-22-4
No part of this book shall be reproduced or transmitted in any form or by
any means, electronic or mechanical, including photocopying, recording,
or by any information retrieval system without written permission
of the publisher.
Published by Scribblecity Publications.
Printed in Great Britain
Although every precaution has been taken in the preparation of this book, the publisher and authors assume no responsibility for errors or omissions. Neither is any liability assumed for
damages resulting from the use of this information contained herein.
Illustrated by Omerbia Aja-Nwachuku.

Inye ekele

Ekele anyị na-enweghị ntụpọ na-agara Obinigwe nke atọ, Chineke nke pụrụ ime ihe niile, onye mere ka echiche anyị bụrụ nke bịara na mmezu. Ka otito na mbulielu niile dịịrị ya ebighi ebi.

Anyị aghaghị ikele ndị ezigbo di anyị, ndị nke nyere anyị nkwado n'ụdị agbamume nakwa ntuziaka. Ndị a bụ Dọk. Chime G. Onuegbu na Inj. Charles Imediegwu. Unu nwe aka a.

Anyị na-ekelekwa ndị ọzọ niile ekele anyị kwesịrị ị gara, dịka ndị anyị na ha kuziri n'Igbo School Oslo nakwa ụmụakwukwo anyị niile. Chukwu gọzie unu dum.

Anyị ji otu aka ahụ na-ekelekwa ndị ọzọ niile anyị si n'aka ha mụta ihe, nakwa ndị ihe banyere asụsụ Igbo na-amasị. Onye ọbụla zere nke o chiri.

Ntụpenye Azụ

Mgbe Urenna gwara m dee ndubata n'akwụkwọ ọma a bụ Odogwu N'Igbo, aṅụrị m enweghị atụ. Akwụkwọ a dị ka ọkụkọ kpuru n'akwa, bụọ ụmụ ya, ha eweputasịa isi ha.

Urenna Onuegbu na Ugochi Imediegwu rụrụ ọrụ bụ kpọọ. E nweghị akụkụ ihe gbasara omụmụ Igbo nke ha na-etinyeghi anya. Akụkọ ha nwechara ihe mmụta banyere asụsụ na omanaala Igbo, ruo na ntọala ya.

Akwụkwọ a nwere isi iri na anọ, ụtọasụsụ na imirikiti mkpụrụokwu. Ndị Nne na Nna ga-ahụ akwụkwọ a dị ka ihe dị oke mkpa mgbe ha na-akụziri ụmụ ha asụsụ Igbo. Odogwu N'Igbo bụ ebe mgbakwasa ụkwụ siri ike nye onye ọbụla chọrọ ịmụta Igbo site na mbido. Ọ bụ maka onye ọbụla. N'oge ugbu a, mgbe nkuzi na ọmụmụ asụsụ Igbo na- akpọku oke na ngwere ka ha nye aka kwalite ya, akwụkwọ a nọ n'ofe. Odogwu N'Igbo na-ekwe nkwa ime ka onye ọbụla ga-agụ ya bụrụ odogwu n'igbo n'ezie. Ana m ekwusikwa ya ike ka onye ọbụla hụ na ya nwetara Odogwu N'Igbo.

Foreword

When Urenna asked me to write the forward to this wonderful, breath taking book, Odogwu N'Igbo, my feeling were indescribable and my joy knew no bounds. This book has been in the oven for a long time, no wonder it is well baked.

Urenna Onuegbu and Ugochi Imediogu did a very good and thorough job. No part of Igbo language studies was left untouched. The stories were told for what they taught, Igbo language and culture at the grassroot. The book has fourteen lesson, grammar part and word list. Parents and Igbo teachers will find it useful in teaching their children and students.

Odogwu N'Igbo is a solid stepping stone for anybody who wants to learn Igbo from the scratch. The book is for all. This book promises to afford any user the opportunity to actually become the real Odogwu N'Igbo, a giant in Igbo studies. I strongly recommend it for all.

Dr Lucy Mgbengasha Apakama
Chief lecturer Department of Nigerian Languages and Linguistics
Alvan Ikoku federal college of education
Owerri. Imo state. Nigeria.

Ndịnaya

LESỊN 1 Isi Mbido
1.1 Abịịdịị……………………………………………………………9
1.2 Mkpụrụokwu ……………………………………………….9
1.3 Ọnụọgụgụ………………………………………………….10
1.4 Ọ dị ole? …………………………………………………..10
1.5 Ihe ọ dị ole? ……………………………………………..11
1.6 O nwere ole?……………………………………………..12

LESỊN 2 Nkọwa onwe
2.1 Ezinaụlọ Maazị Metụ……………………………………….13
2.2 Osisi ezinaụlọ ……………………………………………14
2.3 Akụkụ ahụ gị ……………………………………………….. ...15

LESỊN 3 Ihe
3.1 Nkọwa ihe………………………………………………….16
3.2 Ihe a/ Ihe ahụ………………………………………………16
3.3 Nke m……………………………………………………….17
3.4 Nke gị………………………………………………………17
3.5 Nhazi ahịrịokwu………………………………………..,……18

LESỊN 4 Ụlọakwụkwọ
4.1 N'ime klaasị………………………………………………...19
4.2 Onyenkuzi na Ugondu ………………………………….21
4.3 Uche na Ugondu ………………………………………….22
4.4 Ihe a na-ahụ n'ụlọakwụkwọ ……………………………23
4.5 Ihe ndị a na-eme n'ụlọakwụkwọ ……………………..24
4.6 Oge ezumike………………………………………………25
4.7 Nkwe na Njụ (ghị)………………………………………..26
4.8 Mkpoolu na ụbara……………………………………….26
4.9 Ụfọdụ ngwaa………………………………………………27

LESỊN 5 N'ụlọ Maazị Metụ
5.1 Ụtụtụ ọma…………………………………………………29
5.2 Na Kichin…………………………………………………..30
5.3 Gịnị ka ọ na-eme?……………………………………….31
5.4 Ime / Ima / Imasị ………………………………………..32
5.5 Nkwe na Njụ/ Ee na mba……………………………….33
5.6 Ibido / Ịmalite ……………………………………………33

LESỊN 6 Agwa
6.1 Ezigbo agwa……………………………………………………...........34
6.2 Ekele …………………………………………………………………34
6.3 Gịnị na-akụ?……………………………………...35
6.4 Ka ụbọchị Ada si aga……………………………………………….37
6.5 Ọriakụ Metụ n'ụlọọrụ……………………………………………….38

LESỊN 7 Idebe gburugburu ọcha
7.1 Ụlọ obibi anyị…………………………………….......................………39
7.2 Gịnị na-adị na palọ?………………………………………………….40
7.3 Gịnị na-adị n'imeụlọ?…………………………………………………41
7.4 Gịnị na-adị na kichin?………………………………………………..41
7.5 Idebe kichin ọcha………………………………………………..……42
7.6 Kedu ka e si edebe ebe ndi ọzọ ọcha?...43

LESỊN 8 Okwu na Ahịrịokwu
8.1 Ngwaa……………………………………………………...…..44
8.2 Lolo Akudo na Ada na-azụ ihe na Supamaket…………………………45
8.3 Okwu mmụta…………………………………………………………46
8.4 Ụtọasụsu ………………………………………………………………46
8.5 Nri na ihe nri………………………………………………..…..47

LESỊN 9 Ala Igbo
9.1 Steeti ndị dị n'ala Igbo……………………………………………..48
9.2 Ị bụ onye ebee? Kedu aha obodo gi? ……………………………..48
9.3 Ịgụ ụbọchị…………………………………………………………49
9.4 Ọnọdụ ihueligwe na Naijiria……………………………………….49
9.5 Onye hụrụ nchemmiri m?……………………………………………49
9.6 Ọgụgụ ọnwa……………………………………………………….50
9.7 Afọ ọhụrụ……………………………………………………………51
9.8 Ezinụlọ Maazị Metụ na-enwe ańụrị afọ ọhụrụ……………………….52

LESỊN 10 Egwuregwu
10.1 Ịgba bọọlụ……………………………………………………….53
10.2 Egwu ụmụaka……………………………………………………….54
10.3 Akụkọ ifo…………………………………………………….56

LESỊN 11 Ahụike na Nrịanrịa
11.1 Ahụ adịghị Chioma………………………………………………….59
11.2 Nne Chioma na-akpọ onyenkuzi……………………………………….60
11.3 Chioma agbakeela…………………………………………………61

LESỊN 12 Ọrụ dị iche iche
12.1 Ọrụ nkuzi…………………………………………………….62

12.2 Izu ahịa akwa ………………………………………………………..63
12.3 N'ụlọ oriri………………………………………………………….64
12.4 Ọrụ nhicha………………………………………………………...65
12.5 Ọrụ ugbo…………………………………………………………..66

LESIN 13 Oge Mmemme
13.1 Mmemme Ista…………………………………………………......67
13.2 Igba Ekeresimesi…………………………………………………..68
13.3 Ejiji n'ala Igbo…………………………………………………….70
13.4 Ncheta ọmụmụ Chioma…………………………………….......70

LESIN 14 Ndịnaazụ
14.1 Ihe m mere ụnyahụ………………………………………………..71
14.2 Ihe m mere n'izuụka gara aga…………………………………....73

Ụtọasụsụ …………………………………………………………….....74
Nkọwa Mkpụrụokwu …………………………………………………..77

Odogwu N'Igbo

LESỊN 1
Isi Mbido

1.1 Abịịdịị

a	b	ch	d	e	f	g	gb	gh	gw	h	i
ị	j	k	kp	kw	l	m	n	ń	nw	ny	o
ọ	p	r	s	sh	t	u	ụ	v	w	y	z

Ụdaume

a e i ị o ọ u ụ

Mgbochiume

b	ch	d	f	g	gb	gh	gw	h	j	k	kp
kw	l	m	n	ń	nw	ny	p	r	s	sh	t
v	w	y	z								

1.2 Mkpụrụokwu

A Anya

B Bọọlụ

CH Chịnchị

D Danda

E Ego

G Gaa

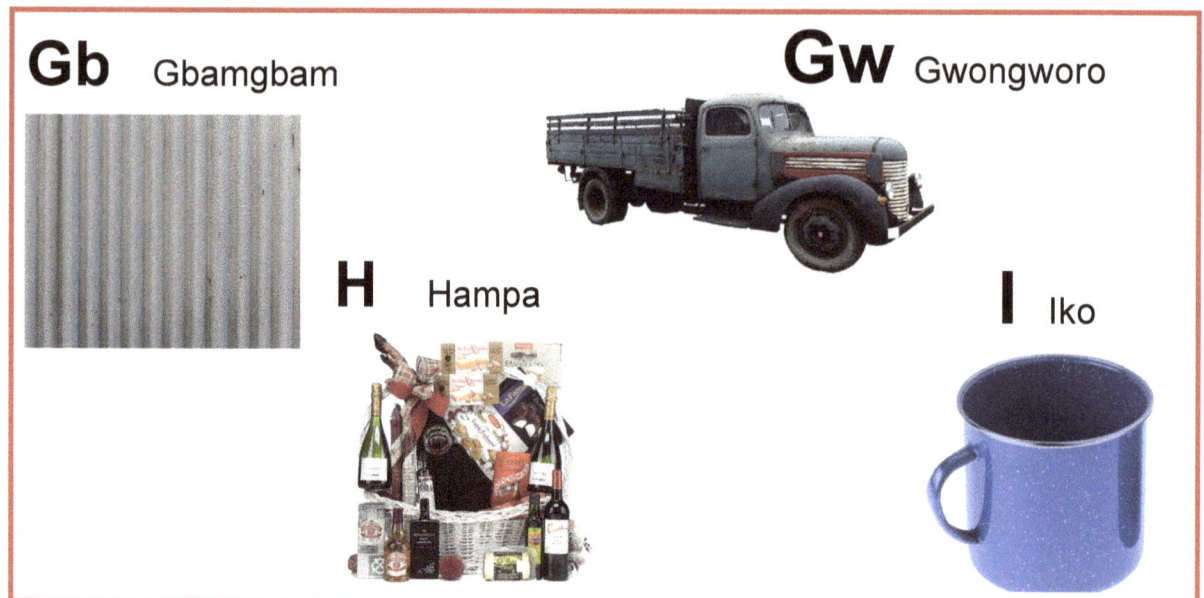

Gb Gbamgbam

Gw Gwongworo

H Hampa

I Iko

1.3 Ọnụọgụgụ

1	otu	9	itolu	17	iri na asaa
2	abụọ	10	iri	18	iri na asatọ
3	atọ	11	iri na otu	19	iri na itolu
4	anọ	12	iri na abụọ	20	iri abụọ / ọgụ
5	ise	13	iri na atọ	30	iri atọ
6	isii	14	iri na anọ	40	iri anọ / ọgụ abụọ
7	asaa	15	iri na ise	50	iri ise
8	asatọ	16	iri na isii		

1.4 Ọ dị ole?

Ọ dị oche iri.

Ọ dị akwụkwọ atọ.

Ọ dị otu akpa.

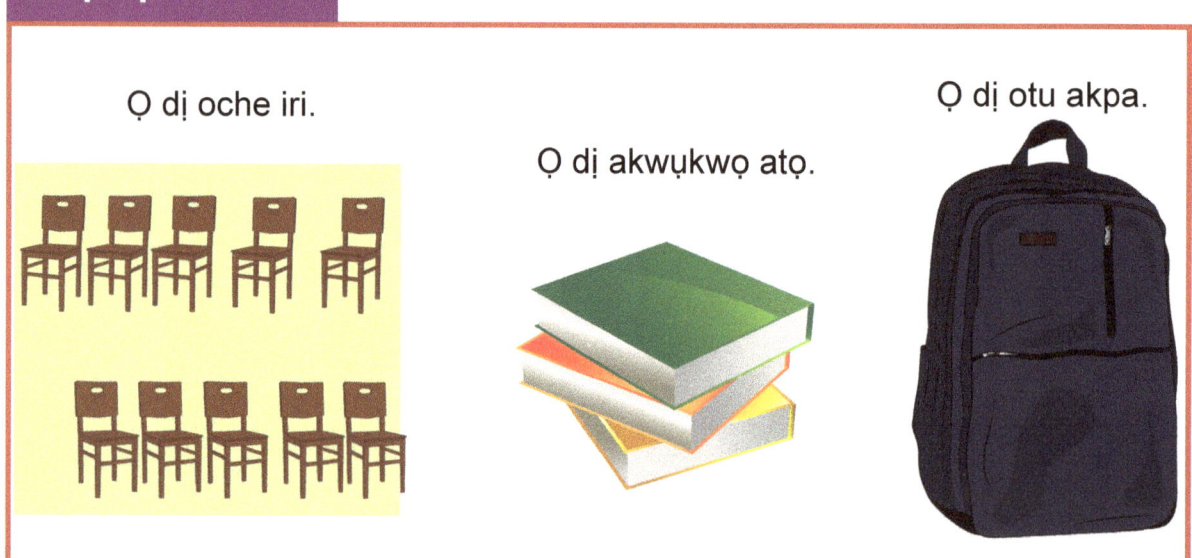

1.5 Ọ dị ole?

Ngaji ọ dị ole?

Ngaji dị ise.

Osisi ọ dị ole?

Osisi dị ọtụtụ.

Kọmputa ọ dị ole?

Kọmputa dị atọ.

Bọọlụ ọ dị ole?

Bọọlụ dị ise.

Ihe egwuregwu ọ dị ole?

Ihe egwuregwu dị ise.

Mmadụ ọ dị ole?

Mmadụ dị ọtụtụ.

1.6 O nwere ole?

O nwere okpu nọsụ anọ.

O nwere otu ụgbọala.

O nwere naanị otu efere.

Odogwu N'Igbo

1.6 O nwere ole?

Ha nwere akwụkwọ asaa.

Unu nwere mkpịsịode itolu.

I nwere ụgbọala atọ.

Anyị nwere ụlọ abụọ.

Enwere m oche ise.

Ihe Omume 1

1. Abịịdịị Igbo ọ dị ole? _____
2. Ụdaume ọ dị ole? _____
3. Mgbochiume ọ dị ole? _____
4. Kedu ihe ndị dị na klassị gị? _____
5. Gụọ ha ọnụ. Ha ọ dị ole? _____

Ihe Omume 2

Gụọ ọnụ ọgụgụ ruo 50.

Odogwu N'Igbo

LESỊN 2
Nkọwa Onwe

2.1 Ezinaụlọ Maazị Metụ

Ihe a bụ ezinaụlọ Maazị Metụ.
Ha bụ ndi Imo Steeti.
Ha bi n'Owerre.
Ha na-akọwa onwe ha.

Maazị Metụ

Ndeewo!
Aha m bụ Maazị Metụ.
Adị m afọ 40.
Abụ m onyenkuzi Igbo.
Aha nwunye m bụ Akudo.
Anyị nwere ụmụ atọ, otu nwoke na ụmụnwaanyị abụọ.
Aha ụmụ anyị bụ Obi, Ada na Chioma.
Anyị bi n'Owerre.

Oriakụ Metụ

Ndeewo!
Aha m bụ Oriakụ Akudo Metụ.
Adị m afọ 35.
Abụ m nọsụ.

Obi Metụ

Ndeewo!
Aha m bụ Obi Metụ.
Adị m afọ 8.
Abụ m nwata nwoke.
Abụ m nwata akwụkwọ.

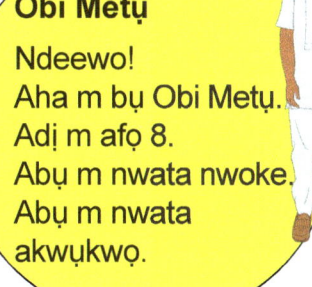

Ada Metụ

Aha m bụ Ada Metụ.
Adị m afọ 6.
Abụ m nwata nwaanyị.
Abụ m nwata akwụkwọ.

Chioma Metụ

Ndeewo!
Aha m bụ Chioma Metụ.
Adị m afọ 4.
Abụ m nwata nwaanyị.
Ana m agụ ọtakara.

13

2.2 Osisi Ezinaụlọ

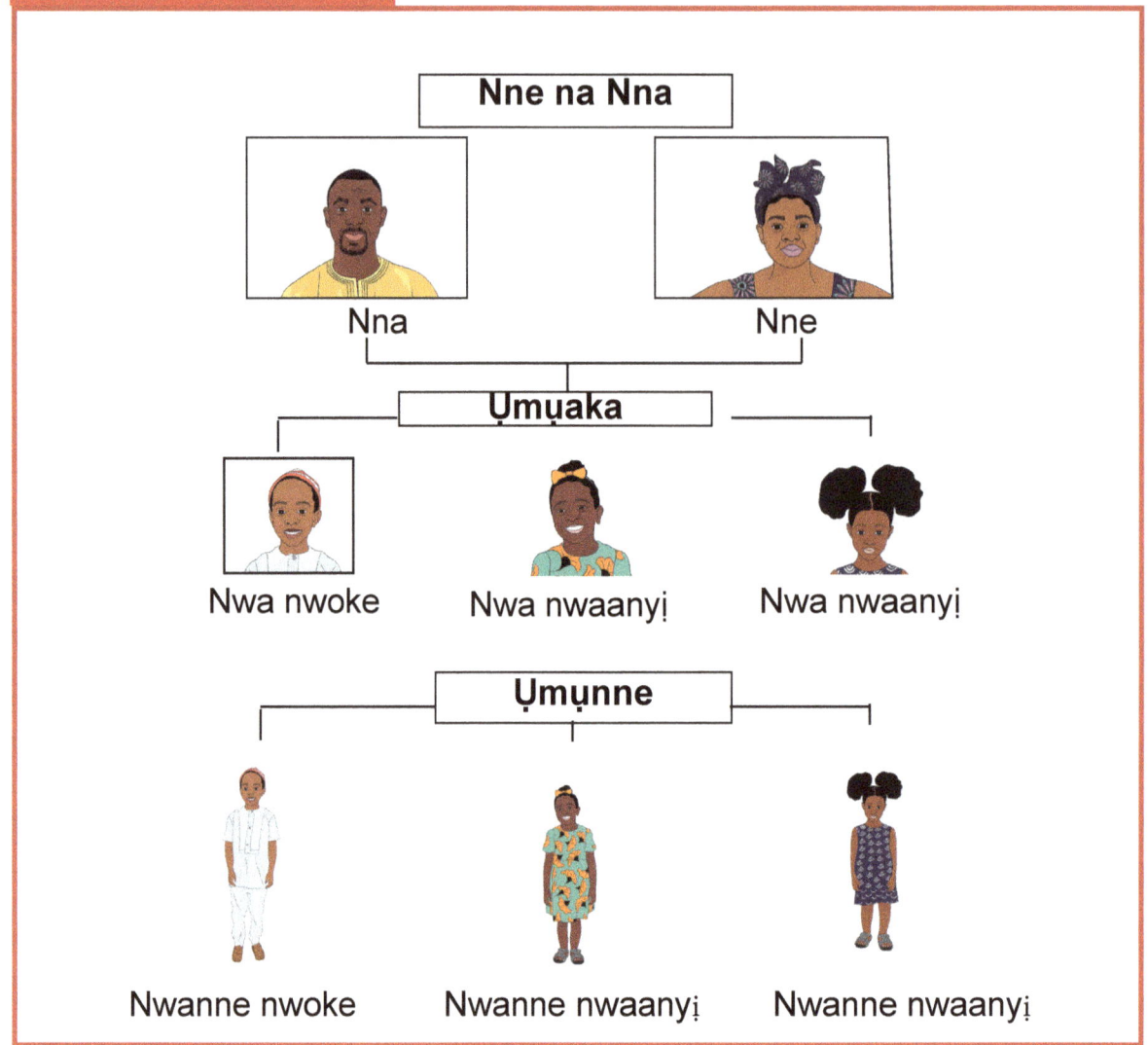

Egwu

Zi m zi m,
Zi m zi m zi m (2x)
Zi m isi gị...
Zi m anya gị....
Zi m imi gị....
Zi m ntị gị...
Zi m aka gị...
Zi m ụkwụ gị ....
Zi m zi m zi m

Zi m zi m zi m

2.3 Akụkụ Ahụ gị

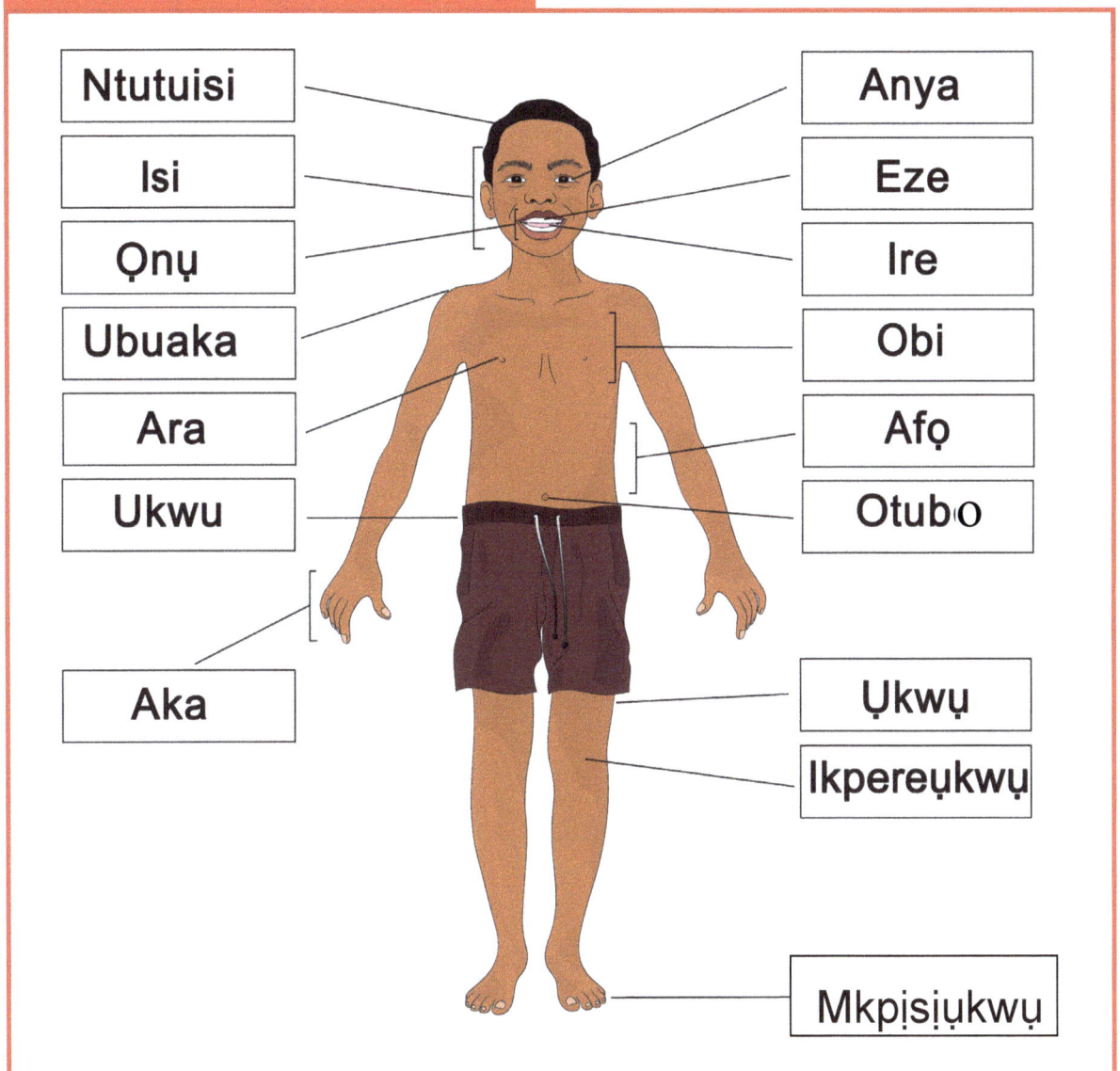

Ihe Omume

1. Gịnị bụ aha gị? _____
2. Ị dị afọ ole? _____
3. Ị bụ nwata nwoke ka ị bụ nwata nwaanyị? _____
4. Kedu ihe ị na-eme? _____
5. Kedu ebe i bi? _____

Odogwu N'Igbo

LESIN 3

Ihe

3.1 Nkọwa Ihe?

Ihe a bụ efe 
Ihe a bụ fọọkụ 
Ihe a bụ ite 
Ihe a bụ iko
Ihe a bụ efere 
Ihe a bụ mma
Ihe a bụ oche 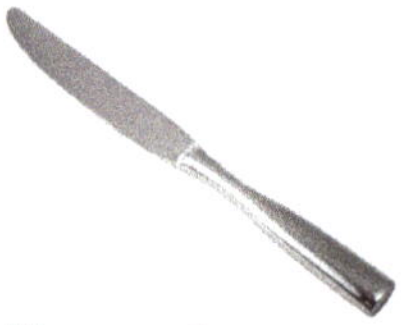
Ihe a bụ akwụkwọ
Ihe a bụ ngaji 
Ihe a bụ akpa

3.2 Ihe a/ Ihe ahụ

Ihe a bụ akpa. 
Ihe ahụ bụ akpa

Ihe a bụ nkịta. 
Ihe ahụ bụ nkịta

Ihe a bụ oche 
Ihe ahụ bụ oche

Ihe a bụ mkpịsịode 
Ihe ahụ bụ mkpịsịode.

3.3 Nke m

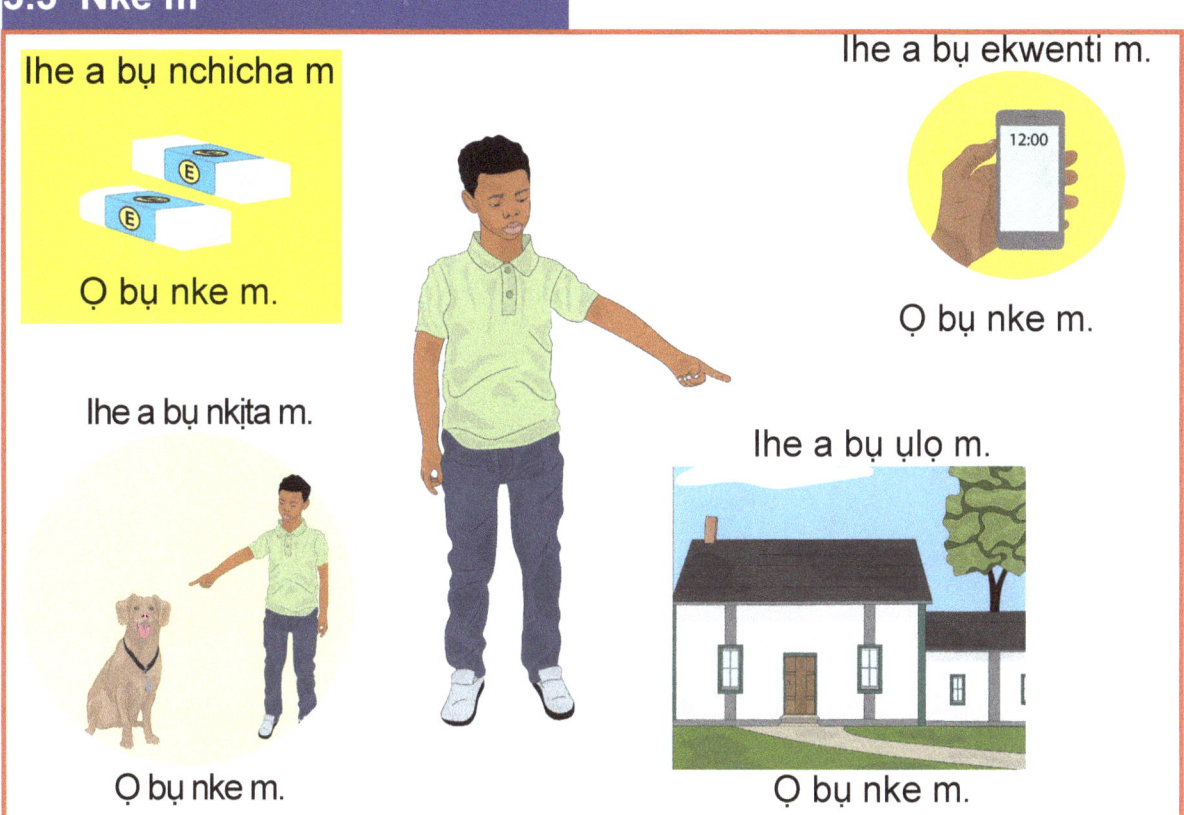

Ihe a bụ nchicha m
Ọ bụ nke m.

Ihe a bụ ekwenti m.
Ọ bụ nke m.

Ihe a bụ nkịta m.
Ọ bụ nke m.

Ihe a bụ ụlọ m.
Ọ bụ nke m.

3.4 Nke gị

Ihe ahụ bụ okpu gị.
Ọbụ nke gị.

Ihe ahụ bụ efe gị.

Ihe ahụ bụ nkịta gị
Ọ bụ nke gị.

Ihe ahụ bụ efere gị
Ọ bụ nke gị.

Ọ bụ nke gị.

Ihe ahụ bụ akwụkwọ gị.
Ọ bụ nke gị.

3.5 Nhazi ahịrịokwu

Aha m bụ Njide.

Aha ya bụ Eze.

Aha gị bụ Chizzy.

Gịnị bụ aha m?

Gịnị bụ aha gị?

Gịnị bụ aha ya?

LESỊN 4
Ụlọakwụkwọ

Onye a bụ Uche. Ọ dị afọ 8. Ọ na-aga ụlọakwụkwọ ụbọchị niile belụsọ satọdee na sọnde. O nwere ndi enyi n'ụlọakwụkwọ. Aha ha bụ Obi na Chidi. Ha atọ bụ ezigbo enyi.

4.1 N'ime klassị

Onyenkuzi na-ajụ Uche ajụjụ.

Onyenkuzi: Gịnị bụ aha gị?
Uche: Aha m bụ Uche Okoro.
Onyenkuzi: Ị sị gịnị?
Uche: Aha m bụ Uche.
Onyenkuzi: Gịnị bụ ahanna gị?
Uche: Ahanna m bụ Okoro.
Onyenkuzi: Biko supee ya.
Uche: O-K-O-R-O
Onyenkuzi: I meela!

4.2 Onyenkuzi na Ugondu

Onyenkuzi na-ajụ Ugondu ajụjụ.

Onyenkuzi: Gwa m aha gị.
Ugondu: Aha m bụ Ugondu. Nsupe ya bụ U-G–O-N-D-U.
Onyenkuzi: Kedu ahanna gị?
Ugondu: Ahanna m bụ Eke.
Onyenkuzi: Biko i nwere ike ịsupe ya?
Ugondu: E-K-E.
Onyenkuzi: Daalụ.

4.3 Uche na Ugondu

Uche na Ugondu na-ajụkọrịta onwe ha ajụjụ.

Uche: Ndeewo. Aha m bụ Uche. Gịnị bụ aha gị?
Ugondu: Aha m bụ Ugondu.
Uche: Onye ebee ka ị bụ?
Ugondu: Abụ m onye Anambra steeti.
Uche: Abụ m onye Enugu steeti. Afọ ole ka ị dị?
Ugondu: Adị m afọ 8.
Uche: Adịkwa m afọ 8. Ebee ka i bi?
Ugondu: Ebi m na Douglas road.
Uche: Ebi m na Aladimma. Ndeewo.
Ugondu: Ndeewo.

LESỊN 4.4 Ihe a na-ahụ n'ụlọakwụkwọ

4.5 Ihe ndị a na-eme n'ụlọakwụkwọ

Ha na-agba bọọlụ.

Ha na-ekwukọrịta okwu.

Ọ na-ede ihe.

Ha na-agụ egwu.

Ha na-agba egwu.

Ha na-ele ihenkiri ụmụaka.
Ha na-arụ ọrụ na kọmputa.

4.6 Oge Ezumike

Ọ kụọla elekere iri na abụọ.
Ụmụakwụkwọ nwere ezumike ugbua.

Ụmụakwụkwọ na-eri nri ha.
Ha ji achịcha.

Ụmụakwụkwọ ndia na-agba ọsọ.

Ha na-egwu egwu.

Ha jikwa oroma na mmiri.

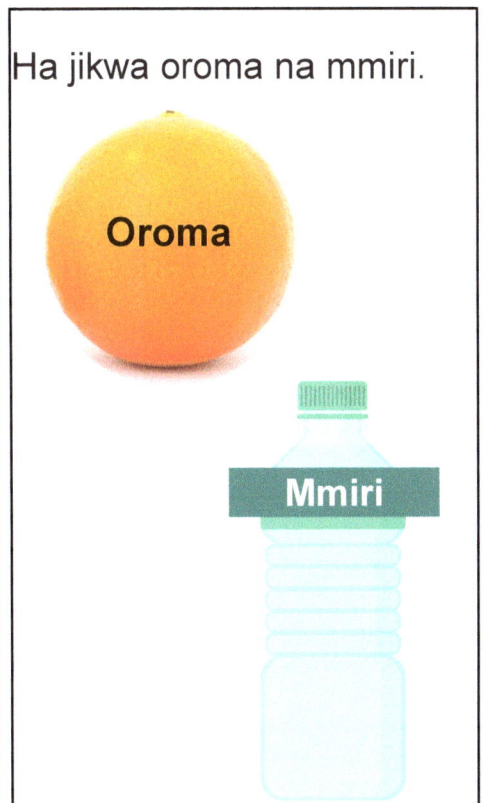

4.7 Nkwe na Njụ

Nkwe	Njụ
Abụ m onye Igbo.	Abụghị m onye Igbo
Ị bụ onyenkuzi.	Ị bụghị onyenkuzi.
Ọ bụ nwa akwụkwọ.	Ọ bụghị nwa akwụkwọ.
Anyị bụ ụmụakwụkwọ.	Anyị abụghị ụmụakwụkwọ.
Unu bụ ndịnkuzi.	Unu abụghị ndịnkuzi.
Ha bụ ndị Igbo.	Ha abụghị ndị Igbo.

4.8 Mkpoolu na Ụbara

Mkpoolu	Ụbara
Nwa akwụkwọ	Ụmụ akwụkwọ
Nwanne	Ụmụnne
Otu oche	Oche abụọ
Onyenkuzi	Ndinkuzi
Onye nne	Ndị nne
Onye nna	Ndị nna
Nwa	Ụmụ
Nwantakịrị	Ụmụntakịrị

4.9 Ụfọdụ Ngwaa

Mfinitivu	Ọdịugbua	Ọmụmaatụ
Ịsụ	na-asụ	Ezinne na-asụ Igbo.
Ibi	bi	Ha bi na London.
Ịmụ	na-amụ	Ọ na-amụ Igbo.
Inwe	nwere	Ada nwere nwanne nwoke.
Ịbụ	bụ	Obi bụ onye Igbo.
Ịdị	dị	Adị m mma.
Iji	ji	O ji efere.
Ịsị	sị	Asị m gị bịa.
Isupe	na-asupe	Ọ na-asupe aha ya.

Ihe Omume 1

Lee anya na ihe eserese ma zaa ajụjụ ndị a.

1. Ụmụakwụkwọ ha dị ole? _____
2. Ụmụnwaanyị ha dị ole? _____
3. Ụmụnwoke ha dị ole? _____
4. Ndinkuzi ha dị ole? _____

Ihe Omume 2

Gwa ụmụakwụkwọ ka ha gosipụta ihe ndi a

1. Ana m amụ Igbo.
2. Ị na-amụ Igbo.
3. Ọ na-amụ Igbo.
4. Anyị na-amụ Igbo.
5. Unu na-amụ Igbo.
6. Ha na-amụ Igbo.
7. Ọ naghị amụ Igbo.
8. Abụ m onye Igbo.
9. Ị bụ onye Igbo.
10. Ọ bụ onye Igbo.
11. Anyị bụ ndị Igbo.
12. Unu bụ ndi Igbo.
13. Ha bụ ndi Igbo.
14. Ọ bụghị onye Igbo.

1. Aha m bụ _____
2. Aha gị bụ _____
3. Aha ya bụ _____
4. Aha anyi bụ _____ na _____
5. Aha unu bụ _____ na _____
6. Aha ha bụ _____ na _____

LESỊN 5
N'ụlọ Maazị Metụ

5.1 Ụtụtụ ọma

Ezinaụlọ Maazị Metụ etetala n'ụtụtụ

Ada: Ụtụtụ ọma papa. Ụtụtụ ọma mama.
Papa: Ụtụtụ ọma ada m. Kedu?
Ada: Adị m mma papa.
Mama: Ị rahụkwara nke ọma nwa m?
Ada: Ee mama. Mana agụrụ na-agụ m.
Mama: Adaukwu ị chọrọ iri nri?
Ada: Eee mama.
Mama: Mana i chibeghị eze gị. Ngwa gaa ka ị saa ọnụ gị. Ị sachaa, bịa na kichin ka i rie nri.

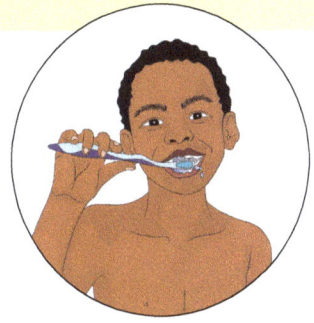

Obi na-echi eze ya. Ihe ndi eji echi eze bụ atụeze, mmanụeze, na mmiri.

Odogwu N'Igbo

5.2 Na kichin

5.3 Gịnị ka ọna-eme?

Taa bụ Mọndee.
Obi na-akwado ụlọakwụkwọ.
O tetara n'ụra elekere isii nke ụtụtụ.

Ọ na-echi eze.

Ọ na-asa ahụ.

Ọ na-eyi efe.

Ọ na-abọ isi.

Ọ na-eri nri ụtụtụ.

Ọ na-asa efere.

Ọ na-ehicha tebulu.

Ọ na-agba akpụkpọụkwu.

Ọ na-aga ụlọakwụkwọ.

5.4 Ime / Ima / Imasị

Ihe m na-eme
Ana m agba egwu.
Ana m ele TV
Ana m achọ ihe n'intanet
Ana m esi nri
Ana m eri nri
Ana m arụ ọrụ.

Ihe m ma eme

Ama m asụ Igbo
Ama m esi nri
Ama m agụ akwụkwọ n'Igbo
Ama m ahazi ụlọ

Ihe na-amasị m

Ọ na-amasị m ile TV
Ọ na-amasị m igba egwu

5.5 Nkwe na Njụ / Ee na Mba

Agụrụ ọ na-agụ gị?	Ee. Agụrụ na-agụ m. Mba. Agụrụ anaghị agụ m.
Ị chọrọ iri ihe?	Ee. Achọrọ m iri ihe. Mba. Achọghị m iri ihe.
Ị chọrọ bredi na tii?	Mba. Achọghị m bredi na ti.
Ị chọrọ ịta akwa?	Ee. Achọrọ m ịta akwa. Mba. Achọghị m ịta akwa.
Ị chọrọ ịńụ mmanya?	Mba. Achọghị m ịńụ mmanya.
Ị chọrụ ịńụ mịkị?	Mba. Achọghị m ịnụ mịkị. Daalụ!
Ị chọrọ ịńụ jus?	Ee. Achọrọ m jus jụrụ oyi. Daalụ!

Odogwu N'Igbo

5.6 Ibido / Ịmalite

Ebidọla m iri nri.
Amalitela m ịrụ ọrụ.

I bidola akwụkwọ?	Ee, ebidola m.
Ị malitela isi nri?	Ee, amalitela m.
O bidola isi nri?	Mba, o bidobeghị.
Ọ malitela ide ihe?	Mba, ọ malitebeghị

Gịnị ka ịchọrọ?

Achọrọ m ị kpọte Obi.

Achọrọ m ibili n'akwa.

Achọrọ m ịsụ Igbo.

Ihe Omume

1. Dee ahịrịokwu ise na-egosi nkwe.

2. Dee ahịrịokwu ise na-egosi njụ.

LESỊN 6
Agwa

6.1 Ezigbo Agwa

Ezigbo agwa bụ ihe e ji ama nwa a zụrụ azụ. Ezigbo agwa na-egosipụta n'ụzọ dịiche iche. Lee ụfọdụ ha:

1. Irubere nne na nna gị isi na ị sọpụrụ ha.
2. Ikele ndị tọrọ gị.
3. Inye aka n'ụlọ.
4. Ịga ozi.
5. Ịsọpụrụ ndị nkuzi n'ụlọakwụkwọ.
6. Ịme ọfụma n'ụlọakwụkwọ.
7. Ilezi onwe gị anya.
8. Ị dị ọcha.
9. I lezi anya maka ndị ọzọ.
10. I nyere ndị ọzọ aka.

Gwa onyenkuzi ezigbo agwa ndị ọzọ ị mara.

6.2 Ekele

Ekele dị ezigbo mkpa n'omenaala anyị. Ikele ekele na-egosi nsọpụrụ. Ọ na-egosikwa nwata azụrụ azụ. Anyị nwere ekele di iche iche n'asụsụ Igbo nakwa mgbe e ji ekele ha.

Ekele Ụtụtụ

Ada: Mama ụtụtụ ọma.
Akudo: Ị bọọla chi?
Ada: Ee mama.

Ekele ehihie

Ehihie ọma
Ndeewo

Ekele abalị

Maazi Metụ: Ka chi bọọ.
Ada: Ka chi foo.

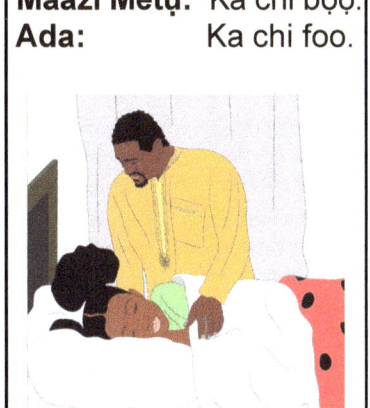

Ekele Onye na-arịa

Ada: Ndo.
Chioma: Daalụ.

Ekele onye na-aga njem

Adaku: Ije ọma di m.
Obi, Ada na Chioma: Ije ọma papa
Maazi Metụ: Daalụ nụ. Nọrọ nụ nke ọma.

Ekele onye na-arụ ọrụ

Stranger: Jisie ike
Metụ: Daalụ

Ekele Mgbasa

Chioma: Ka ọ dị.
Ebere: Ka emesia.

Ekele ndi ọzọ:

Ekele abalị
Abalị ọma
Rahụ nke ọma

Ekele onye na-arụ ọrụ
Daalụ n'ọrụ
Deeme

Ekele onye na-aga njem
Gaa nke oma

6.3 Gịnị na-akụ?

N'ụtụtụ

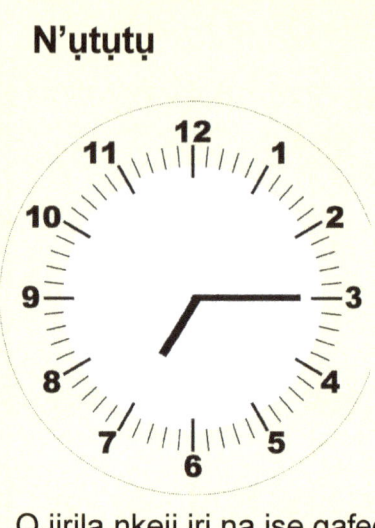

O jirila nkeji iri na ise gafee elekere asaa nke ụtụtụ.

Ọ fọrọ nkeji iri ka ọ kụọ elekere iri nke ụtụtụ.

Ọ kụọla elekere iri na otu nke ụtụtụ.

O jirila ọkara gafee elekere itolu nke ụtụtụ.

Na mgbede

Ọ kụọla elekere anọ nke mgbede.

O jirila ọkara gafee elekere anọ nke mgbede.

N'ehihie

Ọ kụọla elekere iri na abụọ nke ehihie

N'abalị

Ọ kụọla elekere asaa nke abalị.

O jirila nkeji iri gafee elekere asaa nke abalị.

Ọ kụọla elekere iri na abụọ nke etiti abalị.

6.4 Ka ụbọchị Ada si aga

Ada na-eteta elekere isii nke ụtụtụ.

Ọ na-akwadocha akwụkwọ ebe elekere asaa.

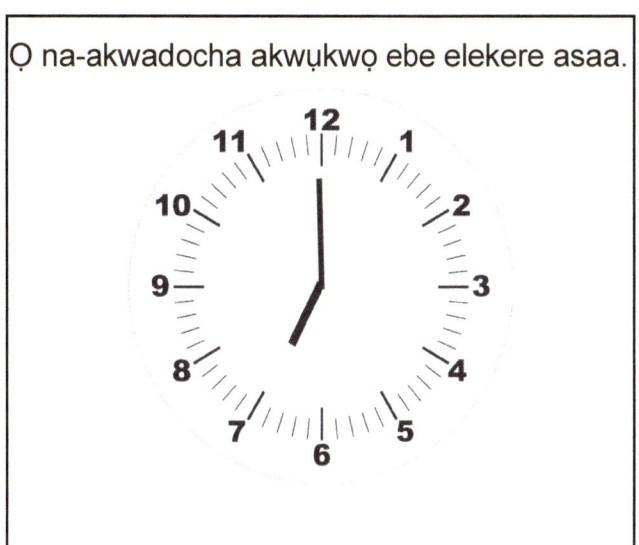

Ọ na-aba bọsụ ụlọakwụkwọ mgbe o jirila ọkara gafee elekere asaa.

Ụlọakwụkwọ na-ebido elekere asatọ nke ụtụtụ.

Ụlọakwụkwọ na-agbasa elekere abụọ nke ehihie.

6.5 Ọriakụ Metụ n'ụlọọrụ

Oriakụ Metụ agaghị ọrụ n'oge taa.
Ọrụ na-amalite elekere asatọ.
O ruru ụlọọrụ mgbe o jirila ọkara gafee elekere asatọ.

Oriakụ Metụ: Ụtụtụ ọma onyeisi. Iwe ewela gị na abịaghị m n'oge!

Ihe Omume 1

Kedu mgbe Ada na-eteta n'ụra?

Kedu mgbe ọ na-asa ahụ?

Kedu mgbe ọ na-agbasa akwụkwọ?

Ihe Omume 2

Kedụ ka ụbọchị gị si aga?

Gịnị na-akụ ugbua?

Kedu mgbe ị na-eri nri abalị?

Kedu ihe ị na-enwe mmasị ime na mgbede?

Olee mgbe ụlọakwụkwọ na-amalite?

Olee mgbe ụlọakwụkwọ na-agbasa?

LESỊN 7
Idebe gburugburu ọcha

7.1 Ụlọ obibi anyị

Ihe anyị na-ahụ n'ụlọ obibi bụ:

Palọ	Kichin	Bafrum
Imeụlọ	Stọ	
Ụlọmposhi	Dainin	

Kichin churu unyi

Kichin dị ọcha

Ụlọmposhi churu unyii

Ụlọmposhi dị ọcha

Palọ ghasara aghasa.
Palọ a haziri ahazi.

Daịnịn ghasara aghasa.
Daịnịn a haziri ahazi.

Imeụlọ ghasara aghasa

Imeụlọ a haziri ahazi

7.2 Gịnị na-adị na palọ?

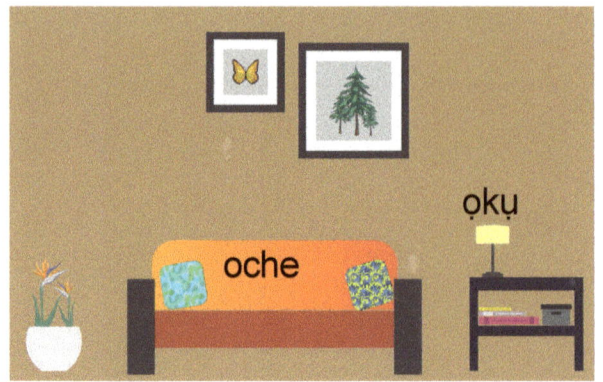

Oche palọ
Tv
Kọbọdụ
Ọkụ
Ntụoyi/nchụoyi
Tebulu

Kedu ka anyị si edebe palọ anyị ọcha?
Aha m bụ Obi. Ebe a bụ ụlọ anyị. Taa bụ satodee. Lee ka m si edebe palọ anyị ọcha.

Aga m aza palọ.

Aga m ehicha ala ya.

Aga m ehicha tebụlụ na kọbọdụ.

Aga m akụcha oche na ọkụ na Tv.

Aga m akụcha nchụoyi.

Aga m ehicha windo.

Tebulu

Windo

Ala

Kọbọdụ

Ntụoyi / nchụoyi

7.3 Gịnị na-adị n'imeụlọ?

Ọkụ
Windo
Àkwà
Wọdropu

Idebe imeụlọ ọcha

A ga-edozi akwa.
A ga-ahazi wọdropu.
A ga-apịa akwa.
A ga-asa akwa churu unyi.

7.4 Gịnị na-adị na kichin?

Maikrowevu
Fraipan
Mma
Ngaji
Fọkụ
ite
Njụoyi
Ekwu eletrik / Igwe ọkụ
Ketụlụ

7.5 Idebe kichin ọcha

A ga-asa efere churu unyi.
A ga-ahazi ha ebe ha kwesiri ị dị.
A ga-ehicha igwe ọkụ.
A ga-ehicha njụoyi.
A ga-ehicha maikrowevu.
A ga-ehicha kọbọdụ
A ga-ehicha windo.
A ga-aza ala ya.
A ga-ehicha ala ya.

Maikrowevu

Ekwu eletrik

Ala

Njụoyi

Windo

Kọbọdụ

7.6 Kedu ka e si edebe ebe ndị ọzọ ọcha?

Stọọ

Oriakụ Metụ na-ahazi stọọ na ihe dị n'ime ya n'usoro dị mma ile anya. Ọ ga-eme ka ọ dị mfe ịchọta ihe ọsịsọ. Chioma na-enyere ya aka.

Daịnịn

Anyị na-ehicha tebụlụ.
Anyị na-ahazi oche.
Anyị na-azacha ala ya.
Anyị na-ehichakwa ala ya.

Ulọmposhi

Lee Maazị Metụ.
Ọ na-asa ụlọmposhi.

LESỊN 8
Okwu na Ahịrịokwu

8.1 Ngwaa

Mfinitivu	Ndịugbua
iri	na-eri
ịga	na-aga
iteta	na-eteta
ibili	na-ebili
ịmalite	na-amalite
ibido	na-ebido
ịsụ	na-asụ
ile	na-ele
ime	na-eme
ịbụ	bụ
ịkụ aka	na-akụ aka
ịrahụ ụra	na- arahụ ụra
izu ike	na-ezu ike
ịrụ	na-arụ
ịlaba	na-alaba
ịgafe	na-agafe
ịgbasa	na-agbasa
ichi eze	na-echi eze
ịsa ahụ	na-asa ahụ
ịfọ	fọrọ

8.2 Oriakụ Metụ na Ada na-azụ ihe na supamaketi

Oriakụ Metụ na Ada nọ n'ime supamaketi. Ha na-azụ ihe oriri. Ha buru nkata. Oriakụ Metụ chọtara tomato na nnu na yabasị. Ada chọtara oroma, ahụekere na unere. Ha na-achọ granọt ọyị.

Ada: Ka anyị jụọ ndị na-ere ihe.
Oriakụ Metụ: Ndeewo, biko anyị na-achọ granọt ọyị.
Onyeahịa: Lee ya n'akanri gị. (Ọ tụọrọ ya aka)
Oriakụ Metụ: Imeela! Ebee ka maggi dị?
Onyeahịa: Lee anya n'akaịkpa gị.
Oriakụ Metụ: Daalụ.

Oriakụ Metụ were mkpọ mịkị atọ, paketị shuga abụọ na bredi. O werekwara otu paketị kọstad, tishu na ncha eji asa ahụ.

Ada: Mama achọrọ m biskit
Oriakụ Metụ: Ngwanụ were.
Ada: Daalụ Mama.
Oriakụ Metụ: Nnọọ nwa m.
Ada: Enwere m ike iwekwa yogọtụ?
Oriakụ Metụ: Mba. Biskit ezugo.
Ada: Biko Mama!
Oriakụ Metụ: Mba nwa m. Mgbe ọzọ.

Oriakụ Metụ kwụrụ ụgwọ, ha alawa.

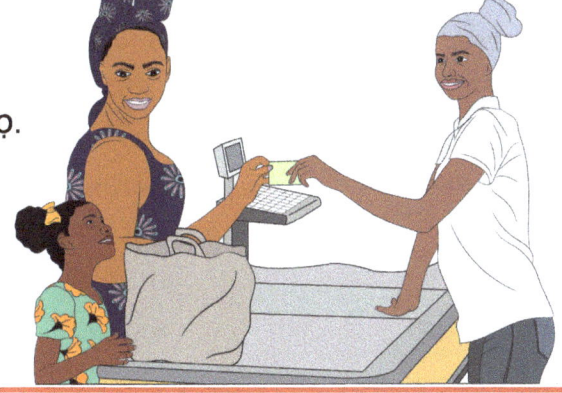

Odogwu N'Igbo

8.3 Okwu mmụta

Ajụjụ	Azịza
Gịnị ka ị chọrọ?	Achọrọ m ....
Kedụ ihe ị chọrọ?	Achọrọ m ....
	Onweghị.
Kedụ ihe ị chọrọ ịṅụ?	Nye m ....
	Achọrọ m...
	Achọghị m ịṅụ ihe ọbụla.
	Onweghị
Ị chọrọ...?	Ee achọrọ m....
	Mba, achọghị m...
N'ebee?	N'akanri
	N'akaịkpa

I nwere mmasị na ihe ndịa?

Ahụekere
Biskiti
Aiskrim
Oroma
Yogọtụ
Mịkị
Maimai
Bredị

8.4 Ụtọasụsụ

Mkpọolu	Ụbara	Ọmụmaatụ
otu iko	iko abụọ	Ọ ṅụrụ iko mịkị abụọ
otu oroma	oroma ise	Ọ zụrụ oroma ise
otu akwa	akwa iri	Ha nwere akwa iri

Mkpọolu	**Ụbara**	**Ọmụmaatụ**
otu yogọtụ	yogọtụ atọ	Ọ chọrọ yogọtụ atọ
otu paketi nnu	paketi nnu asaa	Ọ zụrụ otu paketi nnu
Otu nwa	ụmụ abụọ	O mụrụ otu nwa
Otu onye nna	Ndi nna iri	Ndi nna iri bịara taa.

Nhazi ahịrịokwu
Ana m añụ mmiri.
Ana m eri osikapa.
Oriakụ Metu na-azụ oroma.
Chioma chọrọ biskit na yogọtụ.
Onyenkuzi chọrọ iñụ tii.
Oriakụ Metu na-achọ granọtoyị.

Mana, Na, Maọbụ
Chioma chọrọ biskit na yogọtụ.
Onyenkuzi chọrọ tii maọbụ mmiri.
Oriakụ Metu zụrụ nnu, oroma, akwa na tomato.
Chioma chọrọ yogọtụ mana Oriakụ Metu sị mba.
Oriakụ Metu azụghị yogọtụ mana ọ zụrụ biskit.

8.5 Nri na Ihe Nri

Abacha
Krefish
Ayọ
Akpụ
Ose
Osikapa
Ofe egusi
Nnu
Ede
Ụgụ
Ji
Mmanụ nri
Ịsam

LESỊN 9
Ala Igbo

9.1 Steeti ndị dị n'ala Igbo

Steeti ndi na-asụ Igbo na Najiria dị ise. Ha bụ:

Anambra   Imo   Enugu

Ebonyị   Abịa

Ụfọdụ ebe na Delta Steeti na Rivers steeti na-asụkwa Igbo.

9.2 Ị bụ onye ebee? Kedu aha obodo gi?

Ebe a bụ Abakaliki, Ebonyị steeti.

Ebe a bụ Onitsha, Anambra steeti.

Ebe a bụ Enugu, Enugu steeti.

Ebe a bụ Owerri, Imo steeti.

Ebe a bụ Aba, Abịa steeti.

Ị bụ onye ebee? Kedu aha obodo gị?

9.3 Ịgụ ụbọchị

N'ala Igbo, e nwere ụbọchị anọ n'izu. Ụbọchị anọ ndịa nọchiri anya ahịa anọ enwere n'ala Igbo. Ha bụ:

| Eke | Orie | Afọ | Nkwọ |

Ọgụgụ ụbọchị dịka anyị si eme taa:

Sọnde (ụbọchị ụka)
Mọnde (Mọn)
Tiuzdee (Tiu)
Wenezdee (Wen)
Tọọzdee (Tọọ)
Fraịdee (Fraị)
Satọdee (Sat)

9.4 Ọnọdụ ihueligwe na Naijiria

Anyị nwere ụdị ọnọdụ ihueligwe abụọ na Naijiria; Udummiri na Ọkọchị.

Mmiri na-ezo **Anwụ na-acha** **Amụma na-egbu** **Egwurugwu**

9.5 Onye hụrụ nchemmiri m?

Ugbua bụ oge udummiri. Taa bụ tọọzdee, ụbọchị nke atọ n'ọnwa Juun. Obi na-akwado ị ga ụlọakwụkwọ. O bidoro ịchọ nchemmiri ya maka na mmiri na-ezo.

Maazị Metụ: Ị kwadochaala Obi?
Obi: Eee. Mana ana m achọ nchemmiri m.

Maazị Metụ: Mee ngwa ka ị gawa. Ị kwesịghị ịga leti. Jụgodu nne gị. O nwere ike ịma ebe ọ nọ.

Obi: Nsogbu adịghị. Ahụla m ya.

Obi: Ka ọ dị Papa.
Maazị Metụ: Ka emesịa.

9.6 Ọgụgụ ọnwa

Jenụwarị (Jen)
Februwarị (Feb)
Maachị (Maa)
Eprel (Epr)
Mee (Mee)
Juun (Juu)
Julaị (Jul)
Ọgọọst (Ọgọ)
Septemba (Sep)
Ọktoba (Ọkt)
Nọvemba (Nov)
Disemba (Dis)

Site Maachị ruo Ọktoba bụ oge udummiri. Site Nọvemba ruo Februwarị bụ oge ọkọchị. Mana a na-enwe obere mgbenwe site n'afọ ruo n'afọ.

9.7 Afọ ọhụrụ

Afọ ọhụrụ na-ebido n'ụbọchị nke mbụ n'ọnwa Jenụwarị. Ọ bụ oge ańụrị ma bụrụkwa oge olileanya. N'afọ a, Maazị Metụ na ezinụlọ ya na-eme mmemme afọ ọhụrụ n'ụzọ pụrụ iche. Ka anyị gaa mara ka ha si akwado.

Maazị Metụ zụrụ ewu maka mmemme afọ ọhụrụ. Nwunye ya zụrụ ihe erimeri ndị ọzọ.

Maazị Metụ: Onye nọ nso? Kedu ụmụaka a? Obi! Ada!

Obi: Papa nnọọ. Ada na-arahụ ụra.

Maazị Metụ: Nyere m aka buru ihe a.

Obi: Heeii! Ewu afọ ọhụrụ! Obi dị m ụtọ. Daalụ papa.

Maazị Metụ: O nwa m. Ka anyị kelee Chukwu maka afọ ọhụrụ. Olileanya anyị bụ na afọ a ga-ewetara anyị ihe ọma.

9.8 Ezinaụlọ Maazị Metụ na-enwe añụrị afọ ọhụrụ

Nri eghela. Oriakụ Metụ ebupụtachaala nri na tebulu.

Maazị Metụ: Ngwa ka anyị kpee ekpere eriwe nri. N'aha Nna na Nwa na Mụọ nsọ

Onye ọbụla: Emem.

Maazị Metụ: Gọzie anyị na onyinye nri a, Osebụrụwa. Anyị bịara ịnata afọma gị, ihuọma gị na ngọzị, site na Jesu Kristi Onyenweanyị.

Onye ọbụla: Emem.

Ha jiri obi ụtọ na obi ekele rie nri ọma ahụ Oriakụ Metụ kwọrọ aka sie.

LESIN 10
Egwuregwu

10.1 Igba boolu

"Isegooooooooool!!!!"

Igba boolu na-amasị Obi nke ukwuu. Ọ na-agba boolu n'ụlọakwụkwọ ụbọchị fraịdee ọbụla. Obi nọ na otu A. Otu A na B na-agba taa. Referi ha bụ Maazị Metu. Asọmpi boolu ebirila ọkụ.

Maazị Metu: Piiiiiiiiiiiiiiiiiiiiiiii (ụda opi egbuo)

Ndi otu A gbara mbọ nke ukwuu. Obi bụ kaptini ha. Ha ji ịdịnaotu gbanye ndị otu B egwu n'ahụ. Ha nyere ha ọkpụ anọ asaghịasa (4:0). Lee ka goolu nke anọ siri gaa.

Uche (otu A): Chike gbasie ike! Pasịara m ya!
Chike (otu A): Ngwa gbara gawa! Obi na-eche gị n'ihu onyenche goolu.

Uche buru boolu gbanye Obi n'ụkwụ. Tupu ndi otu B na-aghọtala ihe na-eme, boolu nọzi n'ime netị ha.

"Isegoooooooooooooooool!"
Onye ọbụla nọ n'ama egwuregwu ahụ maliri elu. O were bụrụ ụbọchị anụrị nyere ndi otu Obi.

10.2 Egwu ụmụaka

Taataa mechie ọnụ (ebele akwa!)
Akwa adịghị mma n'obube
Ọchị kacha mma n'ọchịchị
Chịwa obere chịwa obere nwantinti (x2)

Anyị agbasawo akwụkwọ x2
Ekele dịrị ndịnkuzi kuzire anyị akwụkwọ
Ekele dịrị ụmụakwụkwọ bịara mụta akwụkwọ
Ekele dịrị nne na nna zitere ụmụ ha akwụkwọ

10.3 Akụkọ Ifo

Akụkọ banyere ihe mere okpurukpu mbe jiri di ajirija.

Nnaochie: Ifo chakpiii!
Ụmụaka: Wọọọọ!
Nnaochie: Chakpiii!
Ụmụaka: Wọọ.
Nnaochie: Nkịta nyara akpa.
Ụmụaka: Nsị agwụ n'ọhịa.
Nnaochie: O nwere akụkọ m ga-akọrọ unu.
Ụmụaka: Kọọrọ anyị ka obi dị anyị nma.
Nnaochie: O nwere otu mgbe…
Ụmụaka: Otu mgbe wee ruo.

Nnaochie: Otu eze kpọrọ ụmụanụmanụ oriri n'eluigwe. Mbe na ụmụanụmanụ ndị ọzọ so na ndị akpọrọ oriri ahụ. Mbe enweghị nku ọ ga-eji feruo eluigwe. Mana ọ gara n'ụlọ n'ụlọ rịọ ụmụanụmanụ ndị nwere nku ka ha gbazii ya nku. Ha meere ya ebere nye ya nku.

10.3 Akụkọ Ifo

Ụmụanụmanụ agaruo eluigwe na-eche ka ebute nri. Ma Mbe nwaliga tụpụtara alo sị: "ka anyị họrọ aha anyị ga-aza n'oriri a". Onye obụla ekwekọrịta, wee họrọ aha dị ya nma. Mbe sịrị na aha nke ya ga-abụ "Unudum."

Onye kpọrọ ha oriri butere ji si ha "nkea bụ maka unudum." Mbe nara ji nile richaa. E butekwara ede, "maka unudum."Mbenara richaa. Otu a ka ụmụanụmanụ nọ na-ele n'anya,

Odogwu N'Igbo

Mbe erichaa ihe nile ebuteere ha.
Mgbe ha chọpụtara na oriri agwụla ma onweghi mgbe akpọrọ aha ha, odoo ha anya na ọ bụ aghụghọ ka Mbe ghọrọ ha. Iwe na ọnụma wee ju ha obi. Mgbe oge ụla ruru, ha napụrụ Mbe nku ha nyere ya.
Mbe yọrọ Ọgazị ka o ziere ya nwunye ya ozi: "biko, si nwunyem na ụmụ m buputachaa ihe nile dị nre n'ezi, dịka akwa ndina na uwe. A ga m ada n'elu ya, ka m ghara imerụ ahụ."

Ka Ọgazị laruru, o jiri iwe ihe Mbe mere ụmụanụmanụ niile were zie nwunye ya ihe ọzọ. O sịrị ya, "di gi sị gị buputa ite, ekwu, mma, ọgụ na ihe ndị ọzọ na-aghọ nkọ n'ezi. Nwunye Mbe mere ihe Ọgazị gwara ya.

Mbe si n'eluigwe ledata anya, hụ na e buputela ihe. Osiri n'ebe ahụ matuo fruuuuuuuuuuuuggbbaaaaaaa!!!

Okpurukpu ya wee gbawasịa. Ejuna bịara jiri asụmmiri ya rachikọta okpurukpu Mbe. Ọ bụ ya mere Mbe jiri nwee okpurukpu ajịrịja ruo taa.

Ifo chakpiiii!

Ụmụaka: Wọọọọ! Imeela nnaochie.
Nnaochie: Ndeewo nụ ụmụ m.

LESỊN 11
Ahụike na Nrịanrịa

11.1 Ahụ adịghị Chioma

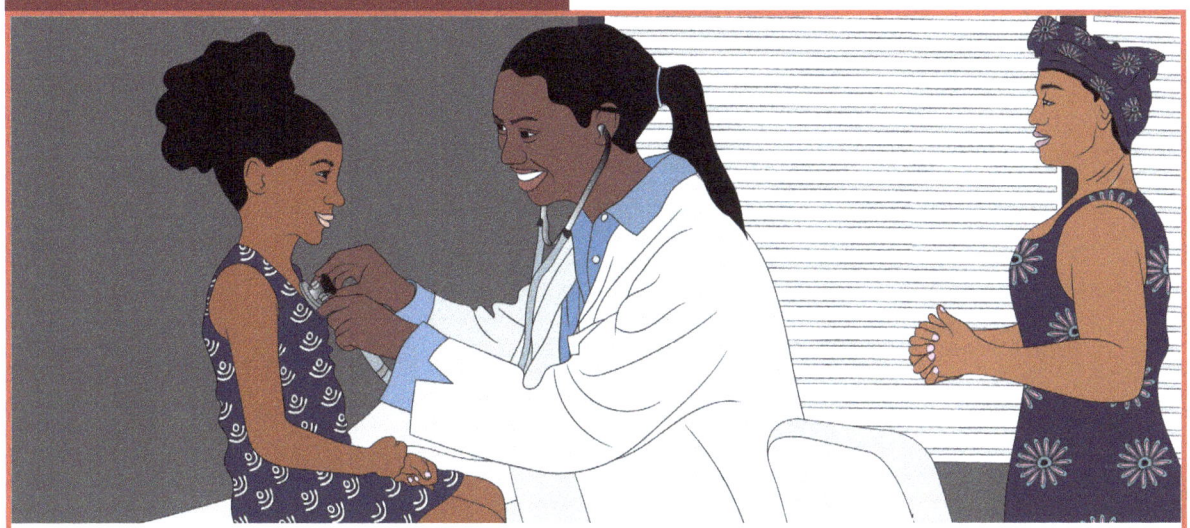

Taa bụ mọndee. Ahụ adịghị Chioma. Ọ na-akwa ụkwara. Ahụ ya na-ere ọkụ. Nne ya kpọrọ ndị ụlọọgwụ na ekwenti. Ha sị ya kpọrọ Chioma bịa ka dọkịnta lee ya ahụ.

Dọkịnta: Kedụ ka o si eme gị Chioma?
Chioma: Ọ naghị ekwe m rachaa aiskrim.
Dọkịnta: Hmmm…na gịnị ọzọ?
Chioma: Ana m akwa ụkwara. Oyi na-atụ m. Isi na-awa m.
Dọkịnta: Ọ dị nma. Aga m ele gị ahụ ugbua, ị nụla?
Chioma: Ee.

Dọkịnta lechara Chioma ahụ, wee sị na o nwere maleria.
O nyere ha ọgwụ maleria: Parasitamọl na Lonart. O nyekwara ha ọgwụ ụkwara. Nne Chioma akpọrọ ya lawa.

11.2 Nne Chioma na-akpọ onyenkuzi

(Grịmgrịm, grịmgrịmmmm)

Onyenkuzi: Ndeewo! Onye na-ekwu?

Nne Chioma: Ọ bụ m, mama Chioma. Asị m ka m gwa gị na ahụ adịghị Chioma. Maka ihi ya, ọ gaghị abịa ụlọakwụkwọ n'izu a.

Onyenkuzi: Ewoo. Biko sị ya ndo. Ya arịakwala. Ọ gaala ụlọọgwụ?

Nne Chioma: Ee. Dọkịnta sị na o nwere maleria. O nyekwara ya ọgwụ.

Onyenkuzi: Ọ dị mma. Keleere m ya. Sị ya gbakee ngwa ngwa o.

Nne Chioma: Daalụ. Ka emesịa

Onyenkuzi: Oo. Ka ọ di.

11.3 Chioma agbakeela

Chioma agbakeela. Ọ na-aga ụlọakwụkwọ taa. N'ụlọakwụkwọ, onyenkuzi na-ekele ya

Onyenkuzi: Chioma kedu?
Chioma: Adị m mma.
Onyenkuzi: Ị gbakechaala?
Chioma: Ee.
Onyenkuzi: Ndo oo. Nnọọ.
Nnenna: Daalụ.

Okwu na ndiiche ya

Okwu	Ndiiche	Okwu	Ndiiche
ahụike	ọrịa	buru ibu	tara ahụ
biara	abịaghị	mara mma	jọrọ njọ
ọchị	akwa	obioma	obi ojoọ
ogologo	mkpụmkpụ	nnukwu	ntakịrị
		ọcha	oji

LESỊN 12
Ọrụ dị iche iche

12.1 Ọrụ Nkuzi

Maazị Metụ bụ onyenkuzi. Ọ na-arụ n'ụlọakwụkwọ praịmarị.
Lee ka ụbọchị ya na-adị ebe ahụ.

Ụbọchị taa bụ Mọnde, ụbọchị ọrụ nke mbụ n'izuụka.
Maazị Metụ sara ahụ, kwadoo ọrụ. O jiri achịcha ṅụọ tii.

Elekere asatọ ka ọrụ ya na-ebido. Ya na ụmụakwụkwọ na-anọ
ruo mgbe nne na nna ha ga-abịa kpọrọ ha n'elekere abụọ nke ehihie.

Ụmụakwụkwọ ejighi Maazị Metụ egwu egwu. Ha hụrụ ya n'anya maka na ọ
na akuziri ha ihe nke ọma. Maazị Metụ hụrụ ọrụ ya n'anya nke ukwuu.

12.2 Ịzụ ahịa akwa

Nwaanyị a na-azụ ahịa akwa. O nwere ebe a na-ere akwa.
Ọ na-ere ahịa ụbọchị niile ewepụ sọnde. Ọ na-emepe ahịa elekere 8 nke ụtụtụ, mechie elekere 8 nke abalị. Oriakụ Metụ bịara ịzụ akwa.

Nwaanyị ahụ: Ndeewo. Kedu ihe ị chọrọ?
Oriakụ Metụ: Ndeewo. Unu enwere ịchafụ?
Achọrọ m nke chapụrụ achapụ.
Nwaanyị ahụ: Anyị nwere ya. Mana o nwere agwa i bu n'obi?
Oriakụ Metụ: Achọrọ m nke na-acha mmee mmee.
Nwaanyị ahụ: Ọ dị ya. Lee ya ebe a.
OriakụMetụ: Ego ole ka ọ bụ?
Nwaanyị ahụ: 250 naira.
Oriakụ Metụ: Aga m ewere ya.

Oriakụ Metụ kwụrụ ụgwọ, were ịchafụ ọ zụrụ pụwa.
Otu a ka ahịa si aga kwa ụbọchị. Nwaanyị ahụ hụrụ ọrụ ya n'anya.

12.3 N'ụlọoriri

Nwagbọghọa na-arụ n'ụlọoriri. Ọrụ ya bụ ibujere ndị bịara ịzụ nri nri ha.

Nke a mere na ọ na-akwụ ọtọ ọtụtụ mgbe. Maazị Metụ na Oriakụ ya bịara iri nri. Nwagbọghọ na-ajụ ha ihe ha chọrọ.

Nwagbọghọ: Nnọọ nụ. Kedu ihe a ga-ewetere unu?
(O nyere ha akwụkwọ meniu, ka ha họrọ ihe ndị ha chọrọ.)

Maazị Metụ: Nye m anụ ọkụkọ, osikapa na saladị.
Oriakụ Metụ: Nye m agwa na ọkam eghere eghe na azụ.
Nwagbọghọ: Ọ dị nma. Nri unu ga-abịa n'oge na adịghị anya.

Otu a ka nwagbọghọ na ọrụ ya si aga kwa ụbọchị. Ọlileanya ya bụ na ọ ga-emepe ụlọoriri nke ya otu ụbọchị.

12.4 Ọrụ Nhicha

Nwaokorobia a na-arụ n'ụlọakụ. Ọ gụchaala sekọndịrị na akwadozi ịbanye Mahadum. O nwere mmasị irụ n'ụlọakụ dịka kashịa. Mana ọ ga-ebu ụzọ gụchaa Mahadum ka o nwee mmụta banyere ọrụ ụlọakụ. N'ihi nkea, o buru ụzọ chọta ọrụ nhicha n'ụlọakụ. Ọrụ nhicha a ga-enye ya ego, ma nyere ya aka ịghọtatụ ihe banyere ọrụ kashịa.

Nwaokorobia a na-aga ọrụ ụbọchị ise n'izu. Ka anyị gaa mara ka ọrụ ya si aga ebe ahụ.

Nwaokorobia abịala ọrụ. O buru ihe ndị o ji ehicha gburugburu ebe ahụ bido hichawa ala. Ndidi, otu nwoke na-arụkwa n'ụlọakụ zutere ya ebe ọ na-ehicha ala. Ha na-ekele onwe ha.

Nwaokorobia: Ụtụtụ ọma Ndidi.
Ndidi: Ụtụtụ ọma. Ị saala chi?
Nwaokorobia: Ee, kee ka i mere?
Ndidi: Adị m nnọọ mma.
Nwaokorobia: Ngwanụ, ka m gaa rụọ ọrụ m. Emechaa.

Ndidi: Jisie ike.

Ọrụ ihicha ụlọakụ na-enye nwaokorobia a obi anụlị. Mgbe ụfọdụ ya na ndị kashịa na-akparịta nkata.

12.5 Ọrụ Ugbo

Maazị Metụ bụkwa onye ọrụ ugbo na-amasị.
Ya na oriakụ ya nwere ugbo ntakịrị. Ha na-akọ nri di iche iche, dika akịdị, ọka, ose, tomato, ọkwụrụ, ụgụ dgz.

Nri ndị ọzọ a na-akọkwa n'ala Igbo gụnyere ji, ede, akpụ, na ọna. Ọtụtụ ezinụlọ n'ala Igbo na-arụ ọrụ ugbo. Ebe ahụ ka ha si enweta ihe ha na-eri. Ụfọdụ na-erekwa ihe ha rụtara n'ahịa.

LESỊN 13
Oge Mmemme

13.1 Mmemme Ista

Izu abụọ na-abịa bụ Ista. Ọ bụ ụbọchị ncheta mbilite n'ọnwụ Kristi. Obi na-akpọ Uche n'ekwenti. Ọ chọrọ ịma ka o si akwado mmemme Ista.

(gịrịrịmmmm, gịrịrịmmm)

Obi:	Ndeewo Uche!
Uche:	Ndeewo Obi, kedu?
Obi:	Adị m mma. Kee ka i si akwado Ista?
Uche:	Nkwado ista m na-aga nke ọma. Nna m azụọrọla anyị efe na akpụụkwụ. Nne m ga-esiri anyị ọmarịcha nri ụbọchị ahụ.
Obi:	Ewo! Ọ maka. Otu ahụ ka ọ dịkwa n'ụlọ anyị.
Uche:	Enwekwara m ike ịga sịnịma na ista Mọnde.
Obi:	A ga m aga ịgba bọọlụ n'ama egwuregwu.
Uche:	Ọ dị nma. Anyị ga-ekwu mgbe ọzọ.
Obi:	Ngwanụ. Ka ọ dị!

LESỊN 13
Oge Mmemme

13.2 Ịgba Ekeresimesi

Maazị Metụ na ezinaụlọ ya ga-ala obodo ha n'oge Ekeresimesi nke afọ a. Ha alabeghị ụlọ kemgbe afọ a. Nne na nna Maazị Metụ na-esezi nlọta ha n'anyanwụ. Mana ugbua, nlọta ha adịla ire. Ha na-akwado ịla tata.

Ihe ndị a ka ha mere iji kwado njem ha:

Maazị Metụ agbajuola fuelụ na tankị ụgbọala ha.

Ọ zụọla onyinye ha ga-enye ndi ụlọ ha, dịka bredi, osikapa, yabasi, biskit na ihe tii dgz. Oriakụ Metu na ụmụaka ha akwakọchaala ihe ma akpụụkwụ.

Abụ Ekeresimesi

Ekeresimesi, i bụ sọ mma

Ekeresimesi, ncheta ọmụmụ Jesu

Ekeresimesi, oge anụrị

Ekeresimesi, oge onyinye amara

Ekeresimesi, ụmụaka na-ele anya gị

Ekeresimesi, ndi okenye na-eche gị

Ekeresimesi, oge erimeri

Ekeresimesi, oge mmemme

Ekeresimesi, ị bụ sọ mma

13.3 Ejiji n'ala Igbo

Taa bụ ụbọchị ụka ekeresimesi. Ezinaụlọ Maazị Metụ na-akwado ụka. Obi na nna ya kwara otu ụdị efe, ebe Oriakụ Metu na ụmụ ya ndị nwanyị yi otu ụdị efe.

Maazị Metụ na Obi yi uwe isi agụ na trawụza.
Oriakụ Akudo yi blauz na ukwu akwa abụọ. O kere ịchafụ n'isi ma nyara pọsụ n'aka. Ada na Chioma yi uwenwụda mara mma. Ha na nne ha gbara yunifọm.

13.4 Ncheta ọmụmụ Chioma

Taa bụ ncheta ọmụmụ Chioma. Ọ gbaala afọ ise. Nne na nna ya akwadorola ya oriri. Ha zikwere ndi enyi na ụmụ nne ha ndi ọzọ.

E siri nri di iche-iche, dịka osikapa, anụ ọkụkọ, anụ ewu, na saladi. E mekwere ma achịcha bekee, zụọkwa mmanya ọtọbịrịbịrị. Ihe nraratụ na ntaratụ ụmụaka ndi ọzọ gbakwara kasaa ebe ahụ.

Ụmụaka na-agba egwu, jiri bolombolo n'aka.

LESỊN 14

Ndịnaazụ

14.1 Ihe m mere ụnyahụ

Ada na-akọrọ nwanne ya nwoke ihe o mere ụnyahụ. Ha na-akparịta ụka.

Ada: Mụ na Chioma rara aiskrim ụnyahụ.

Obi: Eeee! Onye nyere unu?
Ada: Daa Chinwe nwanne mama bịara ụnyahụ.

Obi: Olee mgbe?
Ada: Mgbe ị gara ịgba bọọlụ.
Obi: Ọ dịka unu nwetere onwe unu nke ọma.

Ada: Ee nụ nụ! Ọ tọrọ ezigbo ụtọ.

14.1 Ihe m mere ụnyahụ

Obi: Mụ onwe m gara n'ụlọ dada Akumefula ụnyahụ mgbe m na alọta.
Ada: Eziokwu?
Obi: Ee.
Ada: Kedu ka ọ dị?
Obi: Ọ dị mma. Ọjụkwara ase gị na Chioma.
Ada: Chai.
Obi: Ọ gwọrọ m abacha, tinye ya azụ eghere eghe.
Ada: Eee! Kekwanụ nke m?
Obi: Mgbe ọzọ.
Ada: Chai! Abacha dada kwọrọ aka gwọọ.
Obi: Sị gị! Erichaa amịchaa aka.
Ada na Obi: Hahahahha!

14.2 Ihe m mere n'izuụka gara aga

Agara m mmemme ncheta ọmụmụ enyi m.
Agbara m bọọlụ.
Agụrụ m akwụkwọ m.
Agara m ụka.
Agara m ahịa

IHE OMUME

Gwa klassị ihe i mere n'izuụka gara ga.

Ụtọasụsụ

Nhazi ahiriokwu mfe

Ahịrịokwu mfe bụ ahịrịokwu nwere otu ngwaa. Ngwaa bụ isimbi na ọmụmụ asụsụ. Inwe ike ịkọwa ihe ị na-eme maọbụ kwupụta ihe ị chọrọ ime dị ezigbo mkpa na asụsụ ọbụla mmadụ chọrọ ịmụ. Ọ pụtaghị na nkeji asụsụ ndị ọzọ adịghị mkpa mana ngwaa bụ isi mbi. Ịmụta ngwaa na kọnjugashọn ngwaa dị ezigbo mkpa maka ọ bụ ya na-enye nghọta zuru oke na ahịrịokwu.

N'asụsụ Igbo, ngwaa na abụkarị mkpụrụokwu nke abụọ na mmebe ahịrịokwu mfe. Ọ bụrụ na ị gụọla ụfọdụ lesin dị na akwụkwọ a, ị ga ahụ na nke a bụ eziokwu.

Otua ka ọ dịkwa nhazi ajụjụ.
Ọmụmaatụ:

- Gịnị bụ aha m?
- Gịnị bụ aha gị?
- Gịnị bụ aha ya?

Mana e nwere mgbe ụfọdụ ngwaa na agbanwe ọnọdụ ya na ahịrịokwu mfe dịka n'ahịrịntimiwu. Ahịrị ntimiwu bụ ahịrịokwu eji agwa mmadụ ihe ọ ga-eme. Ngwaa na-ewe ọnọdụ nke mbụ na ahịrịntimiwu.

Ọmụma atụ:
Bịa ebe a!
Kwụsị ya!
Chere m!
Abịala ugbua!
Pụọ ebe a!
Were ya!

Oge ndị ọzọ ngwaa anaghị ewe ọnọdụ nke abụọ bụ mgbe nnọchiaha were ọnọdụ nke abụọ n'ahịrịokwu.

- Aha m bụ Njide
- Aha gị bụ Chizzy
- Aha ya bụ Eze

Nnọchiaha

- Mpesin mbụ.   A E
- Mpesin abụọ.   Ị I
- Mpesin atọ.   O Ọ

- Mpesin (Mkpọolu)
- Mpesin mbụ:
- A + ngwaa + m = Mụ
- Abụ m onye Igbo.
- A + bụ + m = Mụ
- Mpesin abụọ:
- Ị + ngwaa = gị
- Ị bụ onye Imo Steeti.
- Ị + bụ = Gị
- Mpesin atọ:
- Ọ + ngwaa = ya
- Ọ bụ onye Yoruba.
- Ọ + bụ = Ya
- Ụbara
- Mụ na gị = Anyị
- Anyị bụ ndị Igbo.

- Gị na ya = Unu
- Unu bụ ndị Imo Steeti.
- Ya + ya = Ha
- Ha bụ ndị Yoruba.

Ndakọrịta ụdaume
- Nke a pụtara na nnọchiaha na ngwaa na-esote ya kwesiri ịdakọrịta.

Ụdaume dị asatọ.
Ekere ha asatọ n'uzo abụọ:
- Otu A
- Otu E

Otu A bụ ndị a:
a ị ọ ụ
Ndị a na-agakọ ọnụ n'ahịrịokwu.

Amụma atụ:
Ọ na-aga ọrụ.
Abụ m onye igbo.
Ị na-abịa ụlọakwụkwọ.

Otu E bụ ndị a
e i o u
Ha na-agakọ ọnụ na ahịrịokwu.

Amụma atụ:
I bi na Londọn.
Enwere m ụlọ.
O bi n'Amerịka.

Njikọ
A na-eji njikọ ejikọrịta mkpụrụokwu na mkpụrụokwu. E jikwa ya ejikọ ahịrịokwụ na ahịrịokwụ.

Ufodu njiko
Na (and)
- Eze na Ada na-egwu egwu.

Ma (and)
– Ha nile so bịa, ma nne na nna ha.

Ma (if)
– Amaghị m ma ị ga-agbasa n'oge.

Kama (instead)
- Kama ọ ga-efulahụ gị biko nye m ya.

Mana (but/however)
- Nkechi kwesiri ịbịa taa mana o jighị ahụ.

Tupu (before)
- Tupu ị gaa ọrụ biko kpote m.

Ka (so that)
- Bịa ka m kpaa gị isi.

Tumadi (Especially)
- Ọtụtụ ndi na-ele ihenkiri nollywood tumadi ndi bi n'obodo oyibo.

Si na (that, so that)
- O kwere sị na ọ ga-abịa. Nkechi gwara m si na ị ga-akpọ m n'ekwenti.

Maka (because)
- Achọrọ m ịmụta asụsụ igbo maka abụ m onye igbo.

Kemgbe / Ebe (Since)
- Echere m na ike ga-agwụ ya ugbua ebe o tetara n'oge. Kemgbe ọ bịara na-eche gị.

Nkọwa Mkpụrụokwu

Mkpụrụokwu n'Igbo — Mkpụrụokwu n'oyibo

A
abalị (mkp.) — night
achịcha bekee (mkp.) — cake
afọ (mkp.) — year
afọma (mkp.) — goodness
afọ ọhụrụ (mkp.) — new year
agụrụ (mkp.) — hunger
agwa (mkp.) — behaviour
agwa (mkp.) — colour
aha (mkp.) — name
ahanna (mkp.) — surname
ahụekere (mkp.) — peanut; groundnut
ahụ ọkụ (mkp.) — fever
ịkọwa (ngw.) — to introduce or explain
alo (mkp.) — idea
ama egwuregwu (mkp.) — play ground
ańụrị (mkp.) — joy
arịakwala (imp.) — get well; do not be sick
asaghịasa (ngw.) — unresponded
asụmmiri (mkp.) — saliva

B
bi (ngw.) — live
bido (ngw.) — start
biko — please
biri ọkụ (ngw.) — set
blauz (mkp.) — blouse
bolombolo (mkp.) — baloon
bọọ (ngw.) — comb
bupute (ngw.) — bring out
bụ (ngw.) — is

CH
chapụrụ achapụ (nk.) — bright
chie (ngw.) — brush; scrub
chọrọ (ngw.) — want

D
daalụ — thanks
dee (ngw.) — write

dị (ngw.)	be
dị mma	is good
doo anya (ngw.)	realise; understand
dozie (ngw.)	put in order or in place

E
ebee	where
efu	nothing / zero
ehihie	afternoon
elekere	clock
enyi	friends
erichaa amịchaa aka (nk.)	tasty
etiti abalị	midnight
ewepụ (mb.)	except
ezigbo (nk.)	good
ezinaụlọ (mkp.)	family
eziokwu	really; true

G
gaa ozi	go on errand
gbaa egwu (ngw.)	dance
gịnị	what
gosi (ngw.)	show
granọt oyị (mkp.)	groundnut oil, peanut oil
gụọ (ngw.)	read
gụọ egwu (ngw.)	sing

GB
gbaa mbọ (ngw.)	strive; endeavour
gbakechaa (ngw.)	fully recovered
gbawa (ngw.)	break
gbasaa (ngw.)	dismiss
gbazii (ngw.)	lend
gụnyere (ngw.)	includes

GH
ghasara aghasa (nk.)	scattered
ghọọ aghụghọ (ngw.)	play pranks; outsmart; cheat

H
haziri ahazi (nk.)	arranged
hichaa (ngw.)	clean

I

ibuje (ngw.)	to serve (food or drinks); to carry to
ihe (mkp.)	thing
ihe omume (mkp.)	assignment
ihe oriri (mkp.)	food items; grocery
ihuoma (mkp.)	favour
ije oma	safe journey
ile ahụ (ngw.)	check up
ile anya (ngw.)	to look
i meela	thank you
imepe (ngw.)	to open
imerụ ahụ (ngw.)	get wounded; get hurt
inwete onwe (ngw.)	to have fun; to enjoy
Isi owụwa (mkp.)	headache
iwe ewela	do not be angry
iwe na onụma (nk.)	anger and frustration
izu (mkp.)	week

Ị

ịchafụ (mkp.)	hairtie; scarf
ịdịnaotu (mkp.)	unity; cooperation
ịgba kasaa (nk.)	plenty
ihe nraratụ na ntaratụ (mkp.)	sweets, chocolates and chewing gums
ịkparịta ụka (ngw.)	to converse; to discuss
ịkwa efe (ngw.)	to sew a cloth
ista (ah.)	easter
ịtọ ụtọ (ngw.)	to be sweet

J

ji (mb.)	with
jụọ (ngw.)	ask
jụọ ase (ngw.)	ask about; enquire

K

kashịa (mkp.)	cashier
kedu mgbe	when
kamgbe (nj.)	since
kelee (ngw.)	greet
kụcha (ngw.)	Dust; dust off

KP

kpee ekpere (ngw.)	pray
kpọrọ (ngw.)	pick up

KW
kwado (ngw.)	prepare
kwekọrịta (ngw.)	agreed
kwọrọ aka (ny.)	excellently
kwuo okwu (ngw.)	speak /talk
kwụọ ụgwọ (ngw.)	pay

L
laruru (ngw.)	reached
leda anya (ngw.)	look down
lezie anya (ngw.)	look after; take care

M
Ma (ngw.)	know /and/but
mahadum (mkp.)	university
maka (nj.)	for; concerning
malite (ngw.)	start
mara mma	is beautiful
mee (ngw.)	do
mee ọfụma	do well / succeed / excel
mgbede (mkp.)	evening
mkpa (mkp.)	need
mkpa (nk.)	important
mmanya ọtọbịrịbịrị (mkp.)	soft drink
mmasị (mkp.)	interest
mmemme (mkp.)	celebration
mụọ (ngw.)	learn

N
n'akaikpa	on the left
n'akanri	on the right
napụ (ngw.)	collect from
nata (ngw.)	receive
n'oge (na oge)	on time
ncheta ọmụmụ (mkp.)	birthday
njem (mkp.)	journey
nkata (mkp.)	basket; shopping cart
nke anyị	ours
nke gị	yours (singular)
nke ha	theirs
nke m	mine
nke unu	yours (plural)
nne na nna (mkp.)	parents
nnyemaka (mkp.)	help/assistance
nọsụ (mkp.)	nurse

n'usoro (na usoro) (ny.)   in order

NW
nwaanyị (mkp.)   female / woman/ girl
nwa akwụkwọ (mkp.)   student/pupil
nwere (ngw.)   have
nwoke (mkp.)   male/man / boy
nwunye (mkp.)   wife

NY
nyara (ngw.)   carry

O
ojii (nk.)   dark / black
oge (mkp.)   time
ole   how many
olileanya (mkp.)   hope; expectation
omenala (mkp.)   culture / tradition
onyeisi (mkp.)   boss
onyenkuzi (mkp.)   teacher
onyinye (mkp.)   gift
osisi ezinaụlọ   family tree
oyi ọtụtụ (mkp.)   cold

Ọ
ọbụla (nk.)   every
ọcha (nk.)   fair / white / clean
ọfụma (nk.)   well
ọgwụ (mkp.)   medicine
ọkam (mkp.)   plaintain
ọkọchị (mkp.)   dry season
okpurukpu (mkp.)   shell
ọtakara (mkp.)   kindergaten
ọzọ (nny.)   again; other

P
pịa (ngw.)   fold
pọsụ (mkp.)   purse

R
rachaa (ngw.)   lick
rachikọta (ngw.)   glue together
rahụ ụra (ngw.)   sleep
rube isi (ngw.)   obey

S
saa (ngw.)	wash
sị (ngw.)	say
sie (ngw.)	cook
sịnịma (mkp.)	cinema
sọpụrụ (ngw.)	respect
supee (ngw.)	spell

T
teeta (ngw.)	wake up
trawụza (mkp.)	trouser
tụọ aka (ngw.)	point

U
Udummiri (mkp.)	rainy season
unudum (mkp.)	all of you
unyi (nk.)	dirty; unclean
uwenwụda (mkp.)	gown

Ụ
ufọdụ	some
ụkwara (mkp.)	cough
ụlọakwụkwọ (mkp.)	school
ụlọobibi (mkp.)	home
ụlọọrụ (mkp.)	work place
ụmụaka (mkp.)	children
ụnyahụ (mkp.)	yesterday
ụtụtụ (mkp.)	morning

W
were (ngw.)	take
wepu (ngw.)	remove

Y
yi (ngw.)	is wearing
yiri (nti.)	wear
yunifọm (mkp.)	uniform

Z
zaa (ngw.)	answer; sweep; vaccum clean
zuo ike (ngw.)	rest
zute (ngw.)	meet

www.ingramcontent.com/pod-product-compliance
Lightning Source LLC
Chambersburg PA
CBHW051247110526
44588CB00025B/2912